BRING DIESES BUCH ZUM ENDE!!!...

Theo von Taane

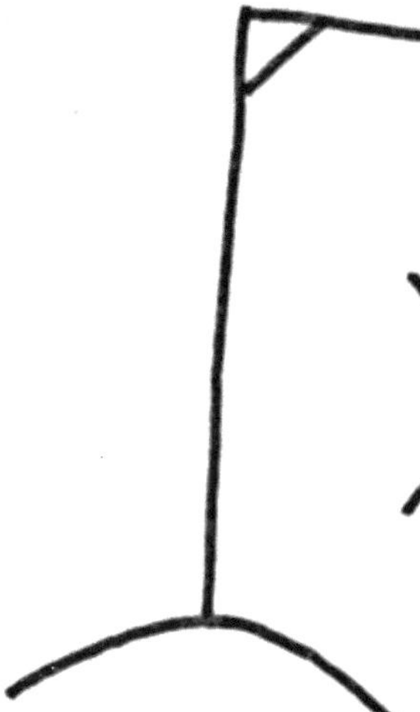

Bibliografische Information der Deutschen Nationalbibliothek:
Die Deutsche Nationalbibliothek verzeichnet diese Publikation in der Deutschen Nationalbibliografie; detaillierte bibliografische Daten sind im Internet über http://dnb.dnb.de abrufbar.

Herstellung und Verlag: BoD – Books on Demand, Norderstedt

ISBN: 9783837059120

ACHTUNG!

SICHERHEITSHINWEIS & VORWORT:

BEACHTE BITTE DASS DAS DURCHSPIELEN DER AUFGABEN IN DIESEM BUCH ZU SCHMUDDELIGEN ODER UNSAUBEREN ERGEBNISSEN FÜHREN KANN. (SCHMUTZ MÜLL ETC). WUNDERE DICH AUCH NICHT WENN DU Z.B. NASS WIRST ODER DEINE TISCHPLATTE ODER AUCH KLEIDUNG MEHR FARBFLECKE ODER KLEBSPUREN AUFWEISEN SOLLTE ALS VORHER.
JE WEITER DU MIT DEN AUFGABEN IN DIESEM BUCH KOMMST, DESTO KATASTROPHALER WIRD ZWAR DER ZUSTAND DES BUCHS WERDEN, ABER DU WIRST DAFÜR AUCH NEUE KREATIVE DENKANSÄTZE KENNENLERNEN, DIE DEINE SICHTWEISE AUF VIELE ALLTÄGLICHE DINGE VIELLEICHT ETWAS SPANNENDER MACHT.

DIESES BUCH GEHÖRT:

NAME VOR NACHNAME: ____________________

NAME NACH VORNAME: ____________________

NAME WOHNPFAD: ____________________

NAME BEHAUSUNGSSTÄTTE: ____________________

ZAHLENREIHE DER STÄTTE: ____________________

NAME E-POSTKARTON: ____________________

KOMMUNIKATIONSZIFFERN: ____________________

AN DEN FINDER DES BUCHS:

SOLLTE DIESES BUCH MAL VERBUMMELT WORDEN ODER VERLOREN GEGANGEN SEIN, BEKOMMT DER EHRLICHE FINDER DIESEN GLÜCKSPUNKT ALS DANKESCHÖN FÜRS ZURÜCKBRINGEN!

*ABER ERST ZURÜCKBRINGEN DANN RAUSSCHNEIDEN! SONST ENFALTET ER NICHT SEINE WIRKUNG!

Finderlohn:

1
Glücks-
punkt

–DIES IST DER START DES BUCHS–

ZUR AKTIVIERUNG DER AUFGABEN BITTE NOCH DIE FOLGENDEN INFORMATIONEN IN DIE KÄSTCHEN EINTRAGEN:

AKTUELLES AKTIVIERUNGSDATUM:

(AKTUELLES DATUM AUS EINER TAGESZEITUNG AUSSCHNEIDEN & EINKLEBEN)

AKTUELLES GEWICHT DES BUCHS:

(WIEGE DAS BUCH MIT EINER KÜCHENWAAGE. ANGABE IN GRAMM)

AKTUELLE DICKE DES BUCHS:

(MESSE DIE DICKE MIT EINEM LINEAL. ANGABE IN MILLIMETER)

BEDIENUNGSHINWEISE:

1. ERLEDIGE ALLE AUFGABEN MINDESTENS SO, WIE IM BUCH BESCHRIEBEN.
2. SCHAFFE NEUE EXPERIMENTE DURCH ERWEITERUNG ODER ABWANDLUNG DER AUFGABEN
3. LASS DIESES BUCH NIEMALS ALLEINE!!! NIMM ES ÜBERALL HIN MIT.
4. ARBEITE ES VON VORNE NACH HINTEN, VON HINTEN NACH VORNE ODER EINFACH KREUZ UND QUER DURCH!

UND DAS WICHTIGSTE:

ZIEHE ES DURCH!

BRING
DIESES
BUCH ZUM
ENDE!!!

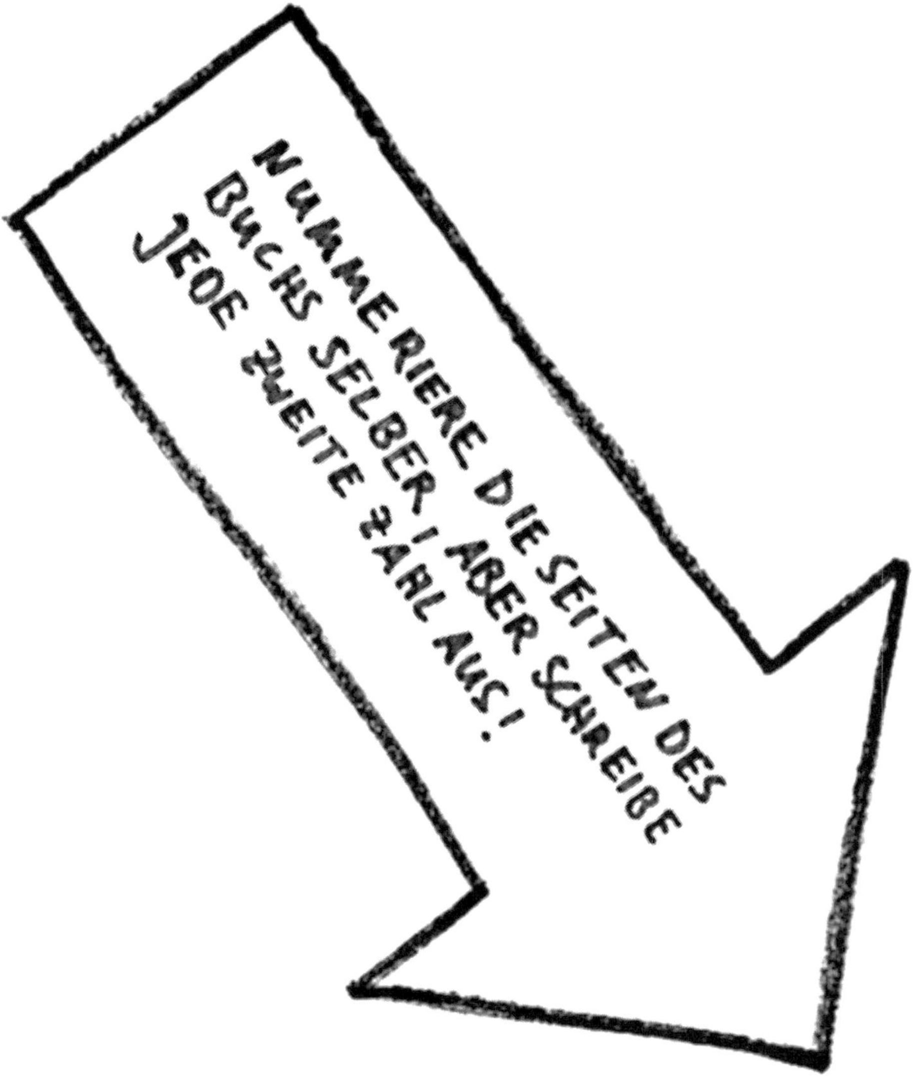
NUMMERIERE DIE SEITEN DES
BUCHS SELBER, ABER SCHREIBE
JEDE ZWEITE ZAHL AUS!

NÄHE EINEN KNOPF AUF DAS BUCHCOVER! (ALTERNATIV KANNST DU IHN AUCH DRAUFMALEN)

Nimm einen Tacker und tacker Verbindungslinien zwischen den Punkten!

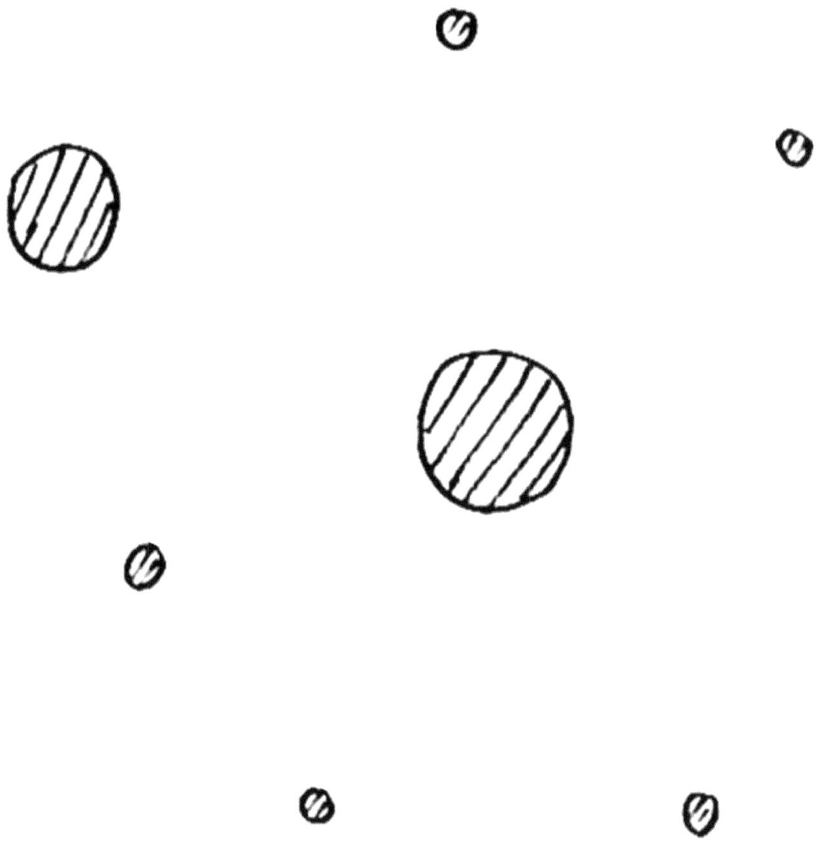

Sage
nichts
die
nächsten
drei
Minuten!
Male
pro
Sekunde
einen
Punkt.

REISS DIESE SEITE AUS DEM BUCH! ZERREISS DAS PAPIER IN DIE KLEINSTMÖGLICHEN FETZEN. BEIM NÄCHSTEN MENSCHEN, DEN DU TRIFFST, WIRFST DU DIE FETZEN ÜBER EUCH BEIDE IN DIE LUFT UND RUFST DABEI LAUT:

„SCHEISS WETTER HEUTE, ODER?"

Drehe das Buch um, so dass das Rückcover mit dem Mathematikbuchbild zu sehen ist und erzähle jedem, den du trittst, dass dies jetzt dein Lieblingsbuch ist!

KLEBE HIER ALLE PREISSCHILDER DIE DIR UNTER DIE FINGER KOMMEN EIN!

1,99 €

Zerschneide diese Seite in kleinste Schnipsel.
Zeichne dann ein Bild mit Klebstoff auf der nächsten Seite.
Streue dann die Schnipsel über das Bild mit dem noch flüssigen Klebstoff aus.

VERSAUE DIESE SEITE!

SPUCK DRAUF!
SCHMIER SCHLEIM REIN!
ZERKRATZ SIE!
WISCH STAUB DAMIT!
REIß STÜCKE AB!
MALE MIT STIFTEN
GROßE KRINGEL!
SCHNEIDE SIE EIN!

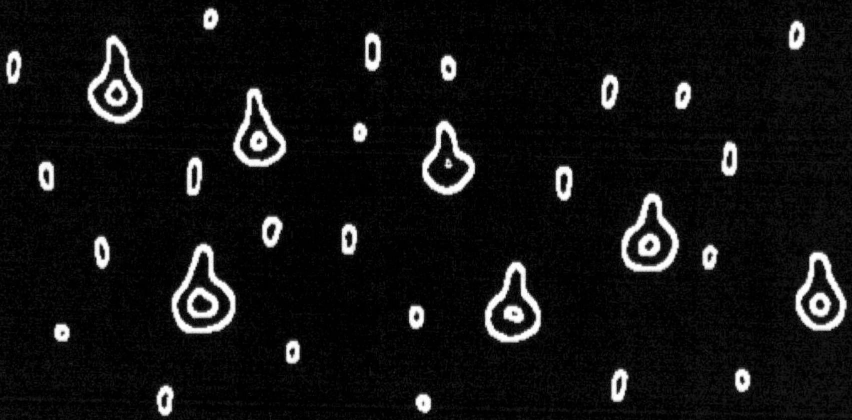

Lege das Buch nach draußen wenn es regnet und lass es vollregnen!

Trage Lippenstift auf und beküsse diese Seite hemmungslos!

KRITZEL HIER IRGENDETWAS HIN, WÄHREND JEMAND MIT DIR SPRICHT!

Ertränke diese Seite in Parfüm!

Nimm dieses Buch in beide Hände und knalle es mit großer Wucht auf den Tisch, ohne es loszulassen.

Erzeuge damit ein lautes Knallgeräusch. Wiederhole dies, solange du kannst!

Was kannst du überhaupt nicht leiden? Beschreibe es genau, lass nichts aus und schreib alles auf!

RUBBEL ODER
KRATZE DIE
SCHWARZE
FARBE
WEG!

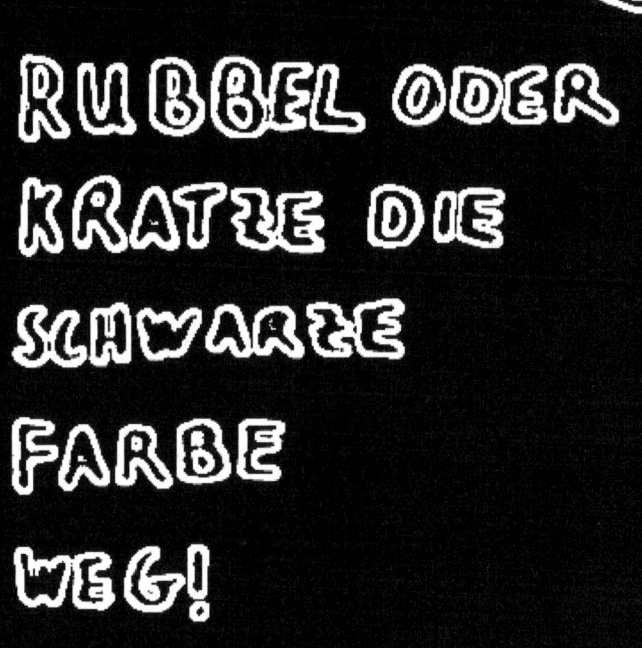

ziehe Linien mit einem roten Filzstift über

- das Vorwort
- die Titelseite
- die Werbeseiten (am Ende)
- die Buchkanten

schneide die äußeren Ecken der Seiten ab, die du am liebsten magst.

KLEMME DEINEN STIFT ZWISCHEN
MITTELFINGER UND ZEIGE- UND
RINGFINGER UND SCHREIBE DIE
ZAHLEN 1 BIS 10 AUF DIESE SEITE!

STECKE
BÜROKLAMMERN
AUF DIE DREI
RÄNDER DIESER
SEITE. DANN TACKER
DIE KLAMMERN FEST.

Halte das **Buch** mit einer Hand
hoch über deinen Kopf und
zeichne mit der anderen Hand
gerade Linien auf diese Seite!

Reiß die Seite raus wisch damit die Soßenreste von deinem Teller und klebe sie dann wieder ins Buch!

WASCHE DAS BUCH ORDENTLICH AB!

Klebe auf diese Seite eine alte DVD oder CD ein!

NUTZE DAS BUCH ZUSAMMEN MIT

EINEM FREUND ZUM FRISBEESPIELEN!

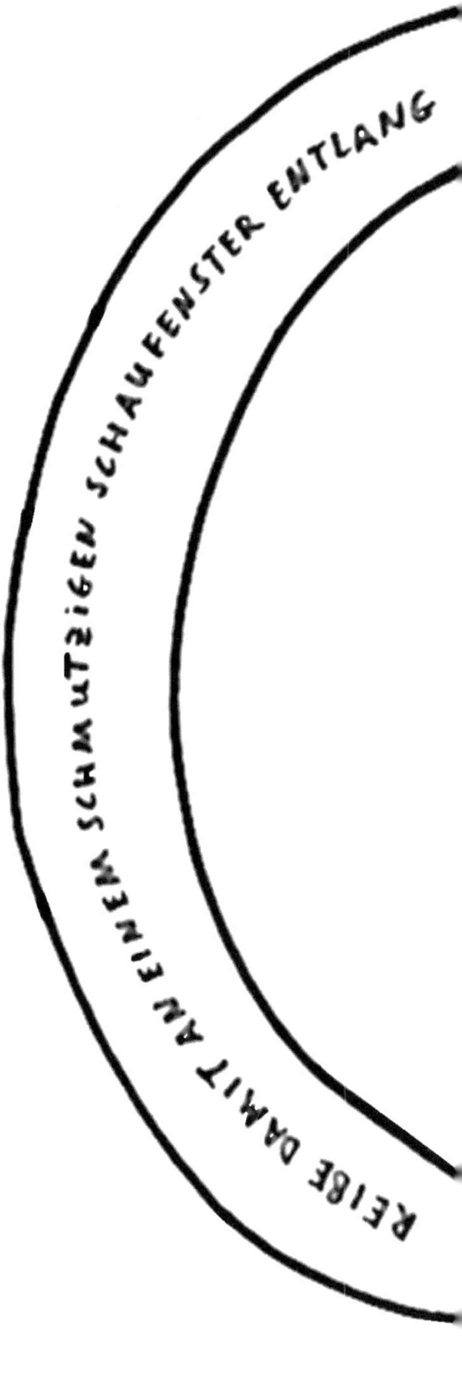
REIBE DAMIT AN EINEM SCHMUTZIGEN SCHAUFENSTER ENTLANG

Zeichne ein heilloses Durcheinander mit einem Bleistift.

Erschaffe ein enormes Malchaos.

Radiere dann alles wieder weg!

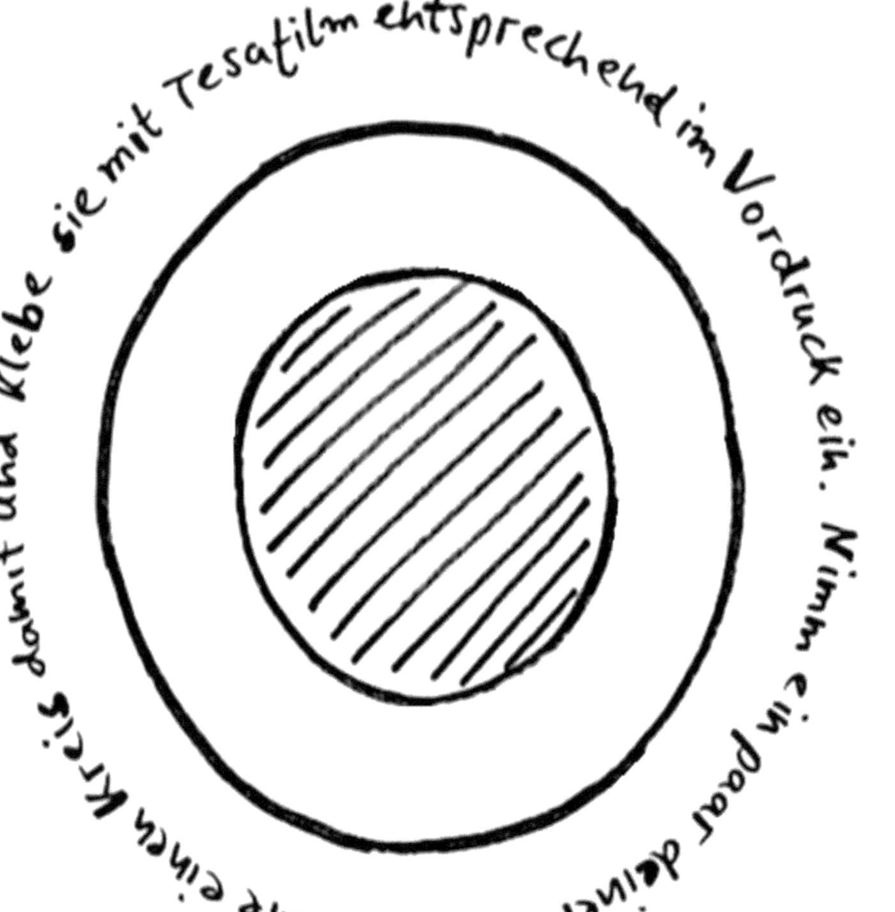
Nimm ein paar deiner Haare. Forme einen Kreis damit und Klebe sie mit Tesafilm entsprechend im Vordruck ein.

MACH MIT DIESER SEITE WAS DIR GERADE EINFÄLLT!

Gib diese Seite einem Freund und bitte ihn, ein schreckliches Monster auf diese Seite zu malen.

Präge dir die Lage der Punkte ein. Dann schaue nicht auf das Blatt und versuche die Punkte zu verbinden!

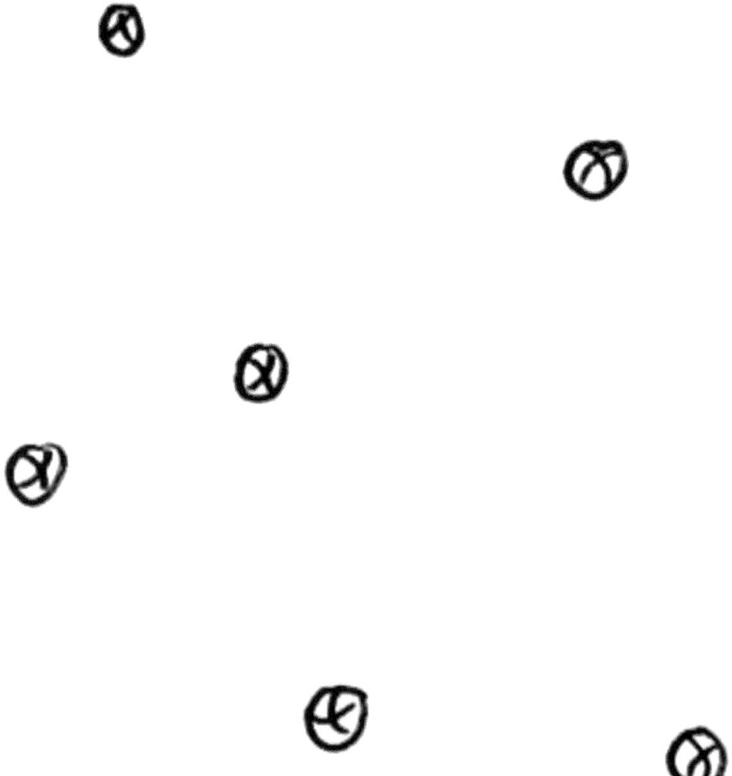

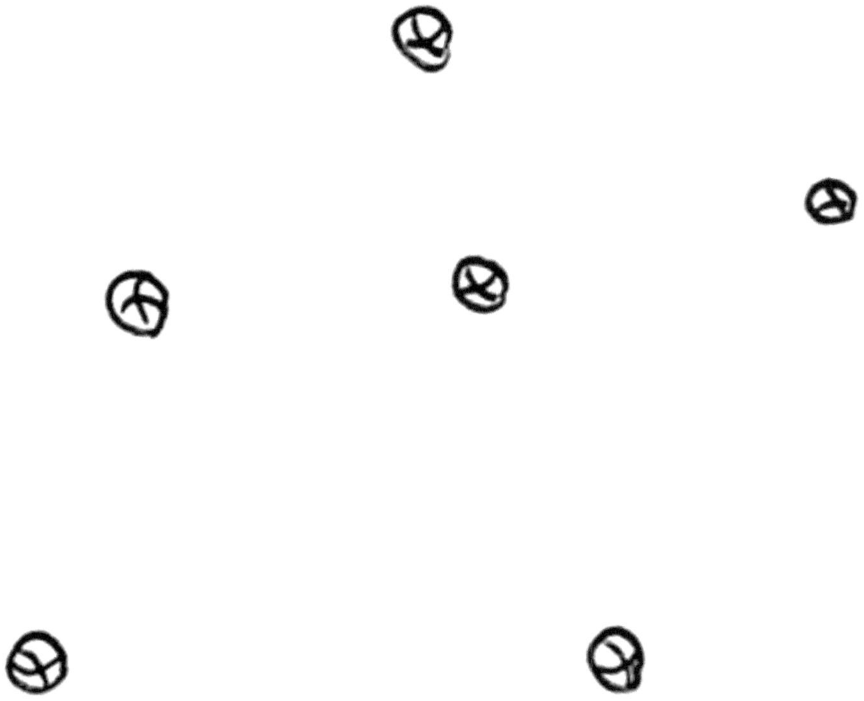

Reiß diese Seite raus. Zerknülle sie, betritt sie mit deinen Straßenschuhen, falte sie mehrfach. befeuchte sie, reiß kleine Ecken raus und wisch damit Staub. Anschließend klebst du sie wieder in das Buch.

Lass das Buch DIREKT vor JEMANDEN *fallen* und bitte diese Person **DAS BUCH** für *dich* AUFZUHEBEN!

Male ein Strichmännchen auf diese Seite wenn du nichts siehst (in Dunkelheit oder mit Hand vor den Augen)!

Zupfe Fusseln von deinen Pullovern und klebe sie hier ein.

Gruppiere vorher die Fusseln nach Farbe.

MACH EINEN PLAN FÜR DEN MORGIGEN TAG!

TROPFE DEN SAFT DEINER LIEBLINGSFRÜCHTE AUF DIESE SEITE!

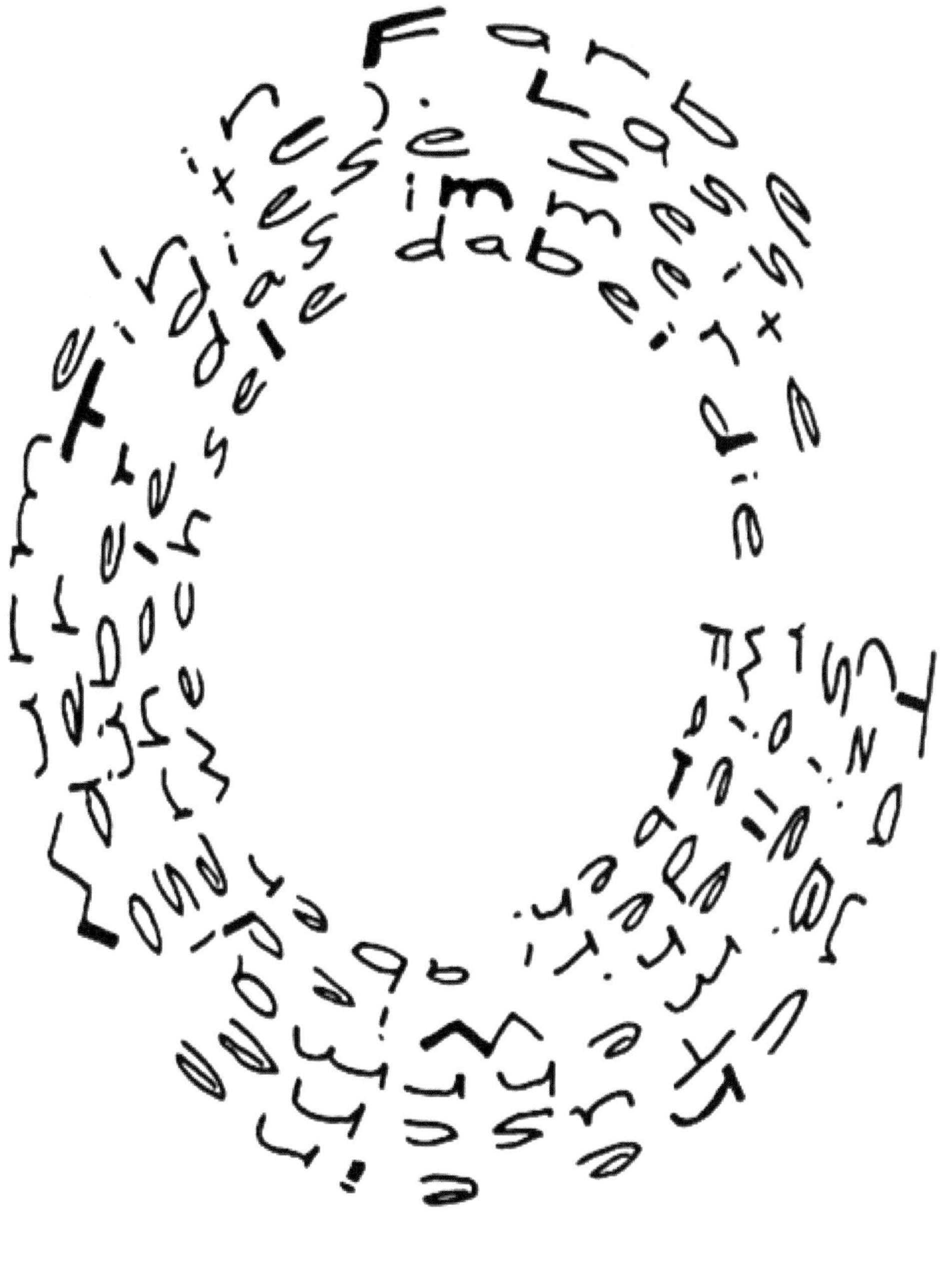

Durchforste die Wohnung nach kleinen Dingen aller Art und klebe sie hier ein.

ZIEHE WAHLLOS LINIEN AUF DIESER SEITE. SCHNEIDE DANN ENTLANG DIESER LINIEN.

Nimm einen T-T-T-Tacker

und formiere mit den Klammern

ein BILD!!

Nimm Fotos, auf denen du dir nicht gefällst, schneide dann einzelne brauchbare Teile davon aus, füge diese auf witzige Weise zusammen und klebe das neue zusammengesetzte Foto hier ein.

Lutsche einen Bonbon mit kräftiger Farbe und drücke deine Zunge in das Viereck.

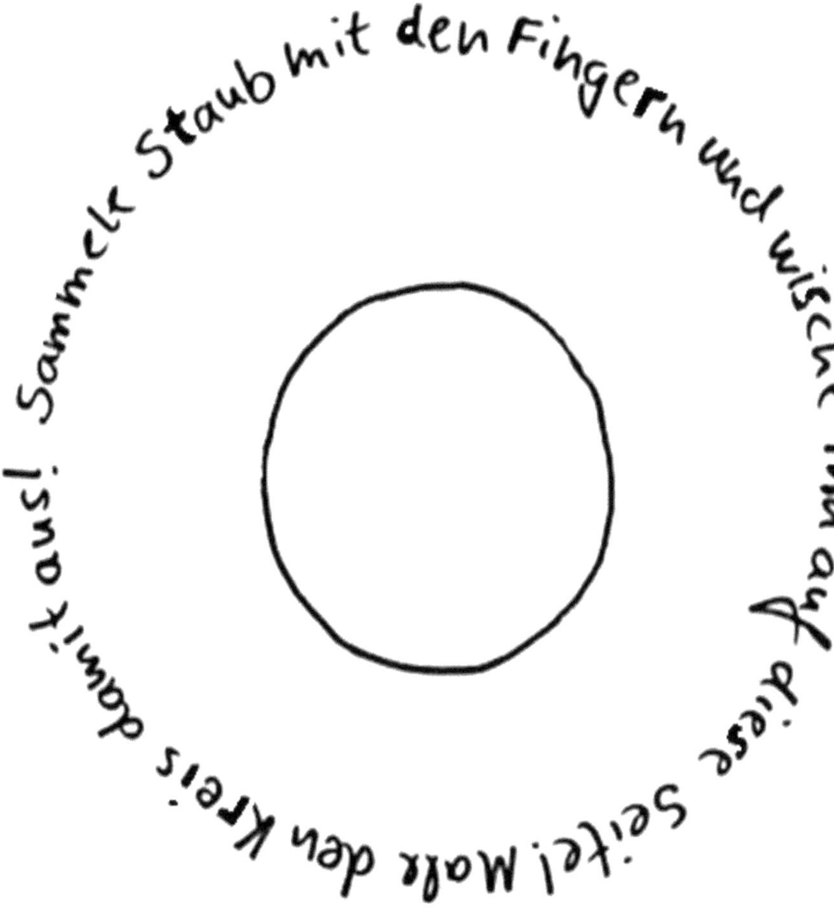
Sammle Staub mit den Fingern und wische ihn auf diese Seite! Male den Kreis damit aus!

Erstelle dir eine Buchtasche!
Klebe an den gestrichelten Linien entlang und drücke diese und die nächste Seite aufeinander!

Entferne Diese Seite Aus Dem Buch.
Schneide Den Markierten Teil Der Seite Ab. Forme Hieraus Ein Kleines Kügelchen!
Lege Dann Das Blatt Mit Der Spielfläche Nach Oben Auf Eine Ebene Unterfläche.
Platziere Das Kügelchen Auf Die Startposition Und Schnippe Es Dann In Den Zielbereich. Du Hast Nur Drei Schussversuche!

Spielfeld Nächste Seite

Kügelchen

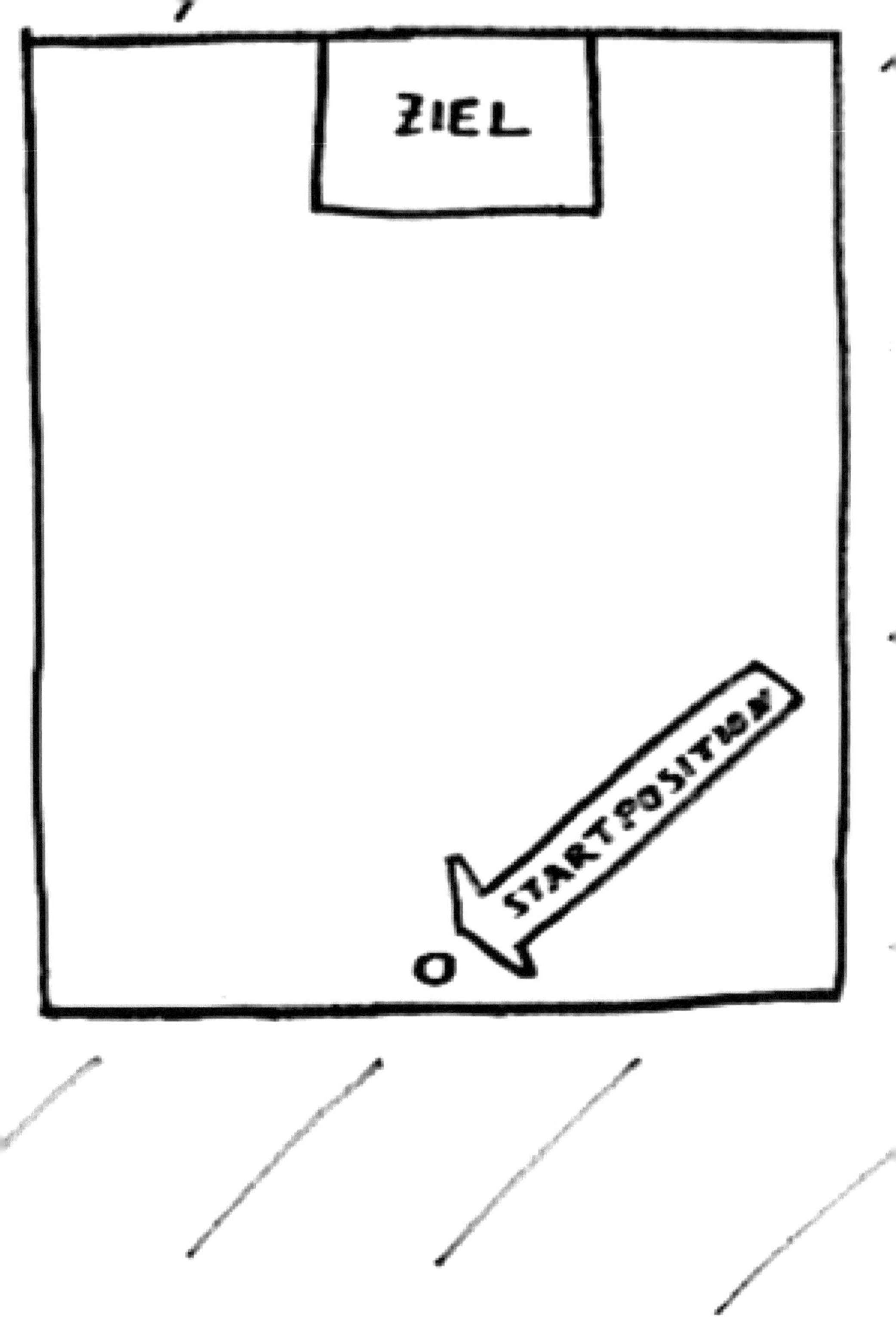
ZIEL
STARTPOSITION

Stell deinen bloßen Fuß auf diese Seite. Zeichne den Umriss deiner Zehen nach.

Bitte jemanden, den du kennst
etwas auf diese Seite zu malen.

NIMM DREI GEKOCHTE SPAGETTI, ORDNE SIE ZU EINEM INTERESSANTEN MONSTER AN UND KLEBE SIE AUF DIESE SEITE!

Mach einzelne Kleckse mit Ketchup
auf diese Seite und verbinde diese
dann durch Verschmieren mit dem
Finger miteinander!

Du bist sauer? Dann nimm was
du finden kannst und klebe,
schmiere, haue, kleckse,
schmoddere, schreibe und male,
was du willst auf diese Seite!

Nimm jeweils einen Stift in die linke und rechte Hand und ziehe mit beiden Stiften gleichzeitig jeweils einen Strich durch die beiden Kanäle.

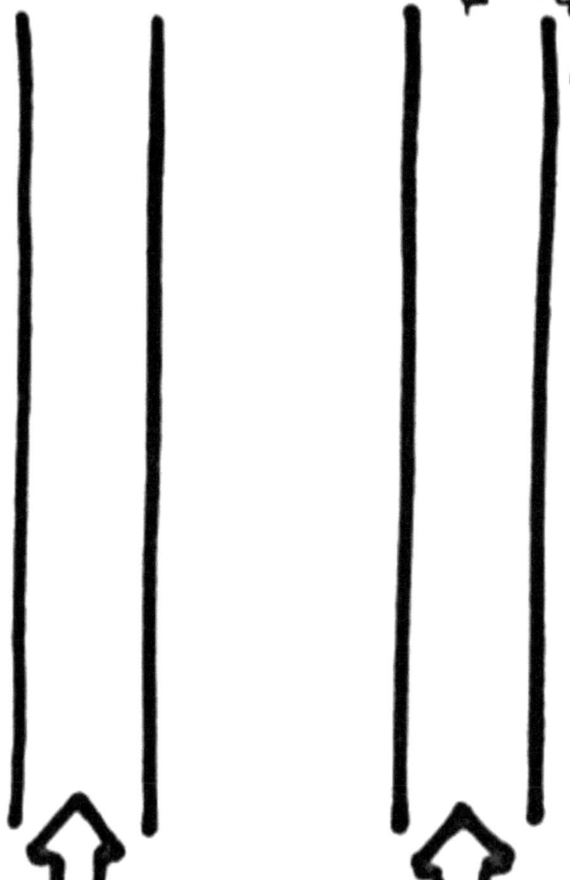

DENKE_DIR_NEUE_BE-
LEIDIGUNGEN_AUS,_DIE_
DU_BISLANG_NOCH_NICHT_
GEHÖRT_HAST_UND_SCHREIBE_
SIE_AUF!

BEFEUCHTE DEINE TUSCHKASTEN-
FARBEN MIT SPUCKE UND MALE
ETWAS BUNTES MIT DEINEN FINGERN
AUF DIESE SEITE!

Reiß diese Seite raus!
Verabschiede dich höflich von ihr
und vergrabe sie dann.

R.I.P.

Benutze diese Seite als Serviette!
Belasse sie aber im Buch!

Schneide dir eine schöne Werbung aus einer Zeitung heraus und klebe sie hier auf diese Seite!

Mache ein Foto von deinem großen Zeh und klebe es hier ein!

Mein Zeh

WAS IST DAS LANGWEILIGSTE WAS DIR JE PASSIERT IST? MALE EIN PASSENDES MONDGESICHT ZU DEINEM GEFÜHL, WELCHES DU HIERBEI EMPFUNDEN HATTEST.

Halte deinen Stift zwischen Daumen und Kleinen Finger und male ein Strichmännchen!

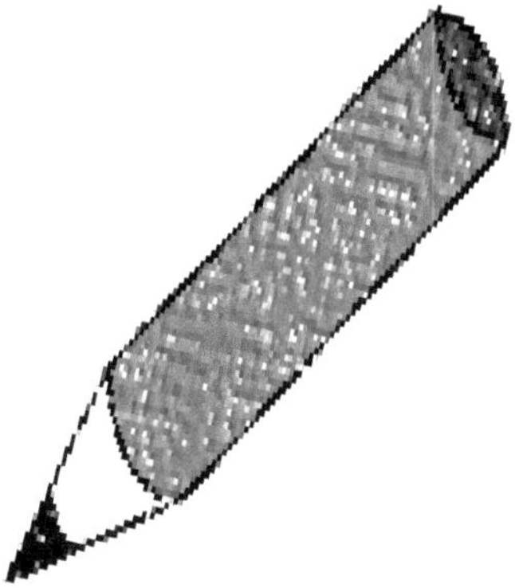

Lege dir das Buch auf deinen Kopf! Gehe so auf Toilette, ohne dass es runterfällt.

KLEBE DIESE SEITE KOMPLETT MIT KLEBE-BAND ZU!

Lass Schokolade in deinem Mund schmelzen und tropfe sie dann aus deinem Mund auf das Blatt.

Verwische die Kleckse so, dass das gesamte Blatt eine leicht hellbraune Farbe annimmt!

Male auf der nächsten Seite eine unendliche Linie, immer möglichst nahe am Rand der Seite entlang,

ohne den Stift dabei abzusetzen.
Die Linie darf sich selbst nicht

Kreuzen.
Der Punkt markiert den Start.

Rufe jemanden an, den du magst,
presse dieses Blatt vor den Mund
und erkläre, was du gerade machst!

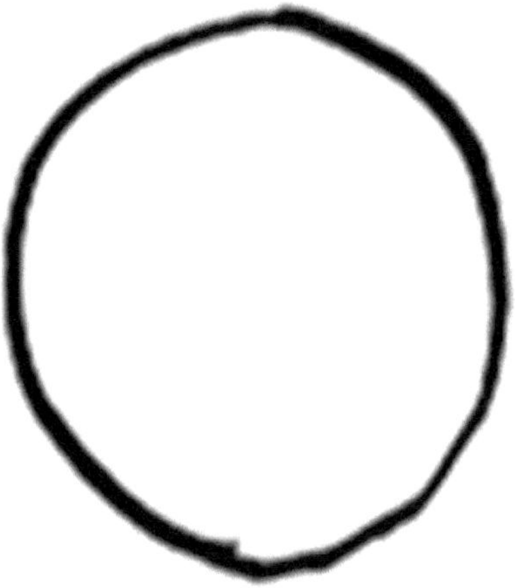

Schreibe die Namen deiner drei engsten Freunde oder Familienmitglieder rückwärts!

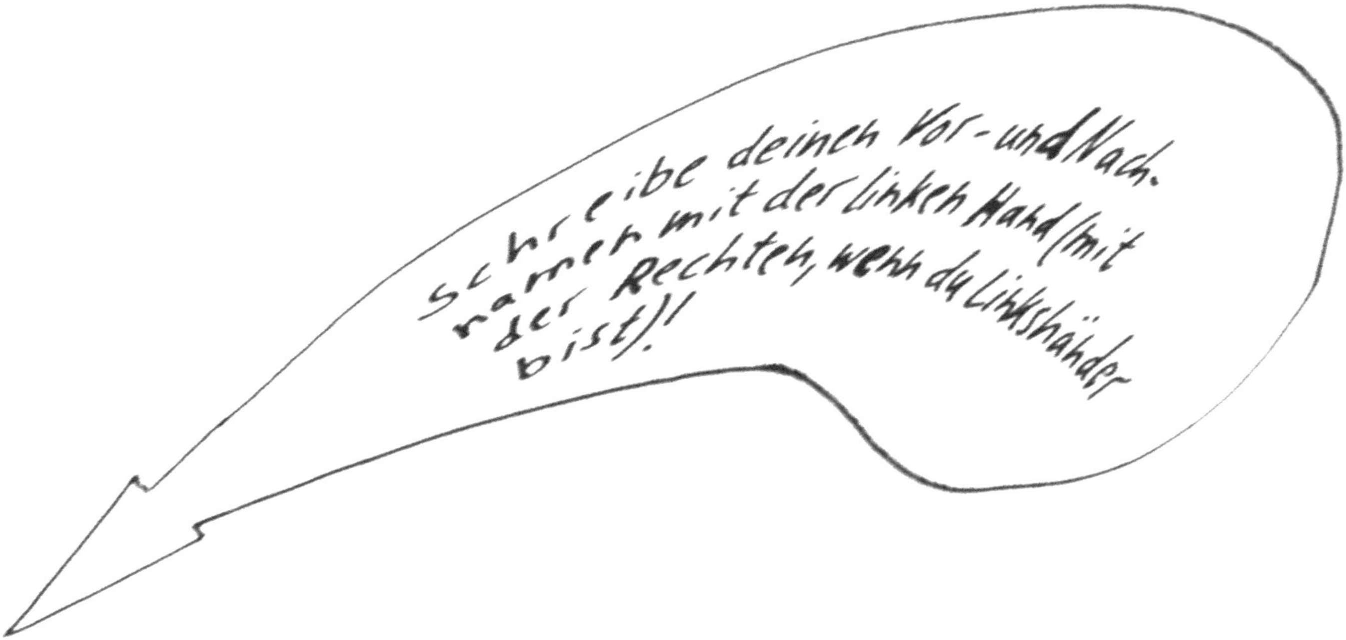
schreibe deinen Vor- und Nach-
namen mit der linken Hand (mit
der Rechten, wenn du Linkshänder
bist)!

NUTZE DIESE SEITE ALS POST-KARTE, SCHREIBE EINEN WITZ DRAUF, ENTFERNE DIE SEITE AUS DEM BUCH UND WIRF SIE IN DEN BRIEFKASTEN DEINES NACHBARN!

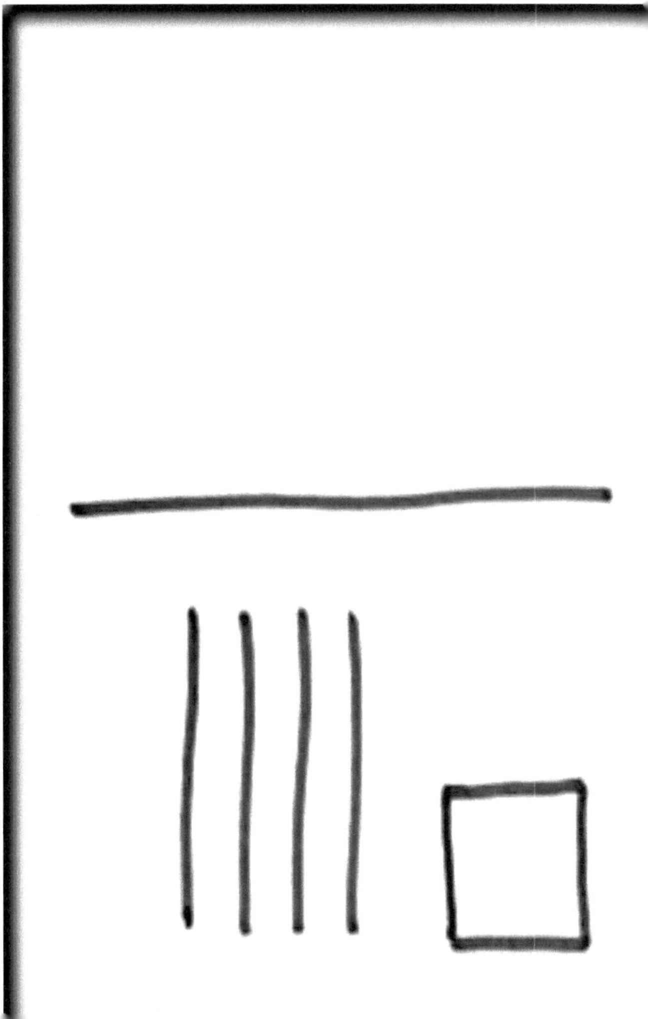

NUTZE DAS BUCH ALS SPORTGERÄT!
NOTIERE AUF DIESER SEITE DEINE ERFAHRUNGEN DAMIT.

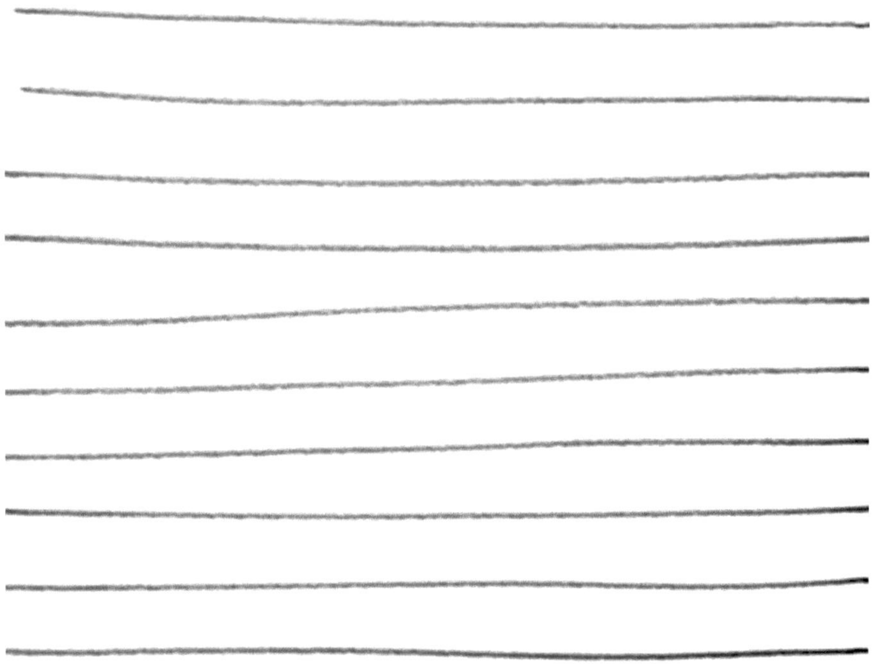

Ordne und führe aus:

O gegessen hast.

O zum Mittag und

O Buchkantenseite, was du

O zum Abendbrot

O Schließe das Buch.

O gestern zum Frühstück,

O Schreibe jeweils auf eine

BRING
DIESES
BUCH ZUM
ENDE!!!

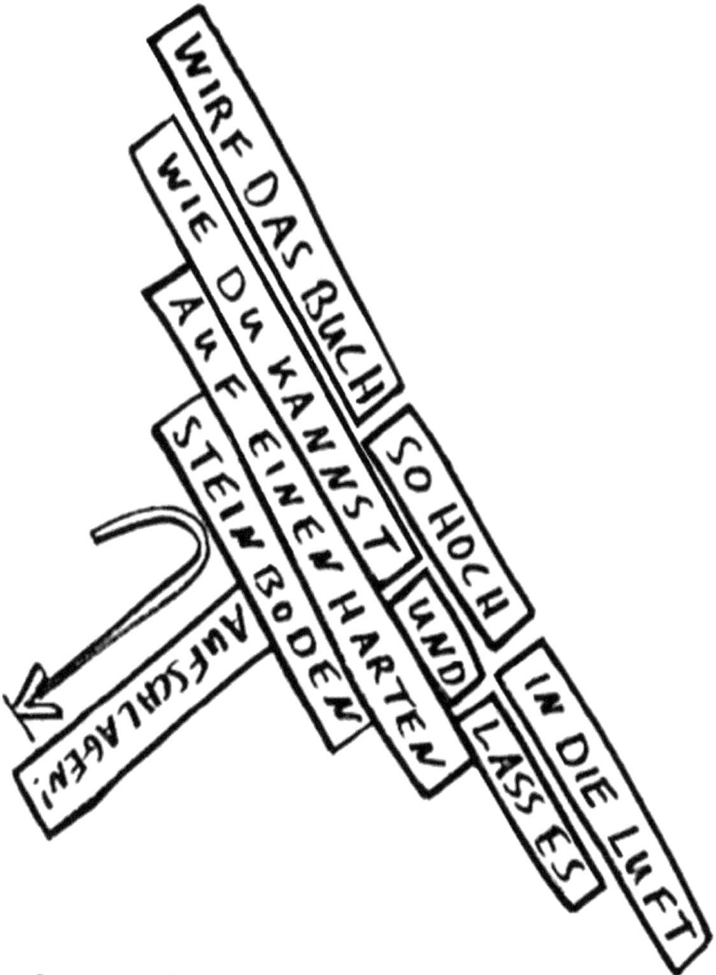
WIRF DAS BUCH
SO HOCH
WIE DU KANNST
IN DIE LUFT
UND
LASS ES
AUF EINEN HARTEN
STEIN BODEN
AUFSCHLAGEN!

WIEDERHOLE DAS GANZE SO
OFT DU LUST HAST!

MALE DEINEN MITTELFINGER UND DEINEN ZEIGEFINGER!

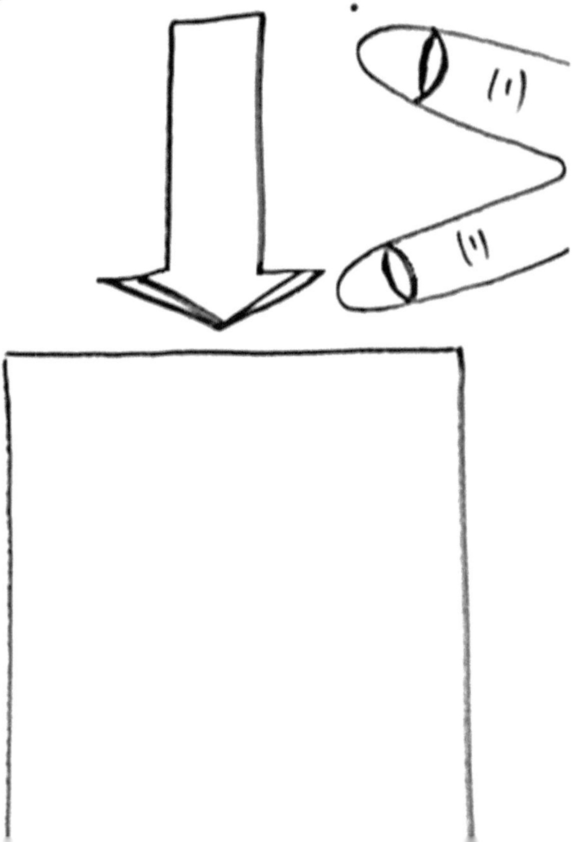

UMMALE DEINE HAND. ACHTE DARAUF, DASS NUR DIE DAUMENSPITZE DABEI DAS BLATT BERÜHRT!

LASS LANGSAM SPEICHEL AUS DEINEM MUND AUF DIESE SEITE TROPFEN! VERSUCHE DABEI, DIE MARKIERUNGEN EINZUHALTEN.

UMMALE DANN DIE GETROCKNETEN RÄNDER MIT BUNTEN FARBEN.

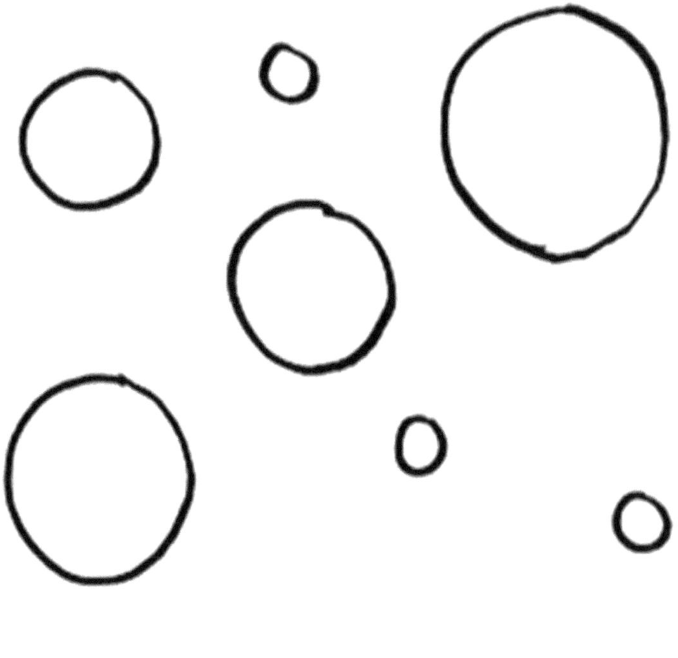

LEGE DAS BUCH AUF DEN BODEN UND SPRINGE 25 MAL DARAUF RUM!

SCHLEIFE DAS BUCH
MIT DIESER SEITE
NACH UNTEN EINEN
SCHMUTZIGEN GANG
ENTLANG!

Male ein 

und verschenke

diese Seite an 

jemanden, den du nicht

kennst.

ENFERNE DIESE SEITE AUS DEM BUCH. SCHNEIDE DEN MARKIERTEN TEIL DER SEITE AB. FORME HIERAUS EIN KLEINES KÜGELCHEN! STELLE NUN DAS BUCH AUFGEKLAPPT ALS TOR AUF DEINEN SCHREIBTISCH. PLATZIERE DAS KÜGELCHEN CA. 30-40CM DAVOR. FORME AUS DEM LOSEN BLATT EIN BLASROHR UND PUSTE DAS KÜGELCHEN IN DAS TOR!

KÜGELCHEN

ENTFERNE DIESE SEITE AUS DEM BUCH. PIEKSE LÖCHER IN DIE MARKIERUNGEN! STECKE EINEN BLEISTIFT SO DURCH DIE LÖCHER, DASS ALLE LÖCHER MIT DIESEM EINEM STIFT AUFGESPIEßT SIND UND OHNE DASS DABEI DAS BLATT ZERREIßT! KLEBE DANACH DIE SEITE WIEDER IN DAS BUCH.

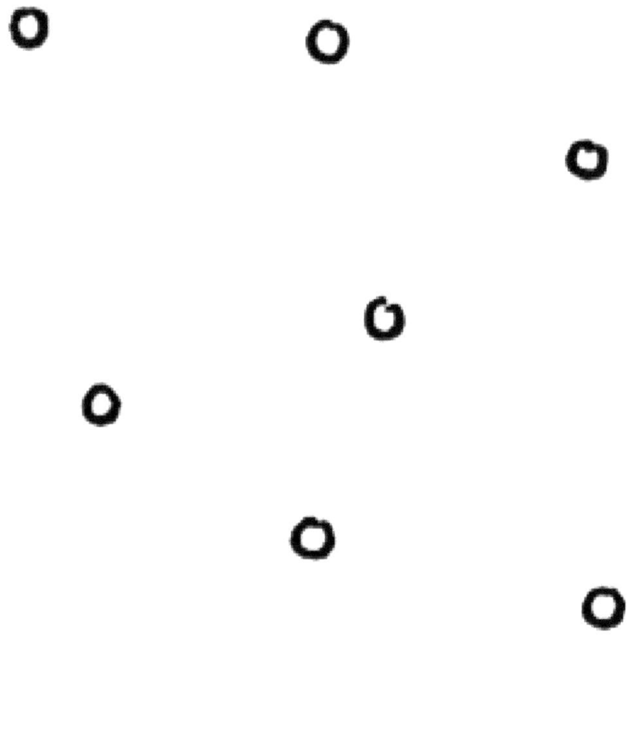

Zeichne ein Haus mit der linken Hand (mit der Rechten, wenn du Linkshänder bist)!

MALE AUF DIESE SEITE EINE SCHÖNE
BLUME UND VERSCHENKE
DAS BILD AN
JEMANDEN DEN DU MAGST!

MACHE DIR DEINEN EIGENEN AUSWEIS!

Foto

Name, Vorname: ______________________

Straße: ______________________

Postleitzahl: ______________________

Ort ______________________

Identnummer: ______________________

Schmiere etwas

von deiner Lieblingsmarmelade

in das

Marmeladenglas-Bild

dieser Seite

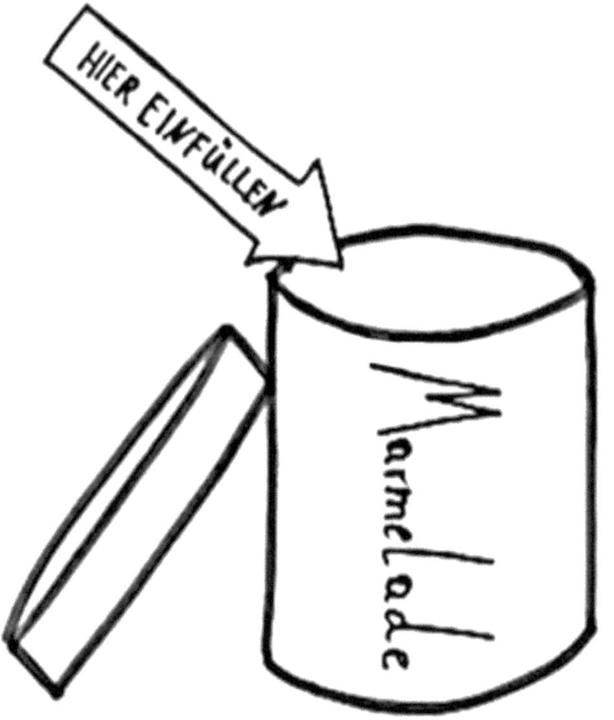
HIER EINFÜLLEN
Marmelade

MALE DICH SELBER. LÄCHLE
DABEI. ENTFERNE DIE SEITE
AUS DEM BUCH UND HÄNGE
SIE INS BAD. NUTZE DAS
BILD MORGENS ALS SPIEGEL-
ERsatz!

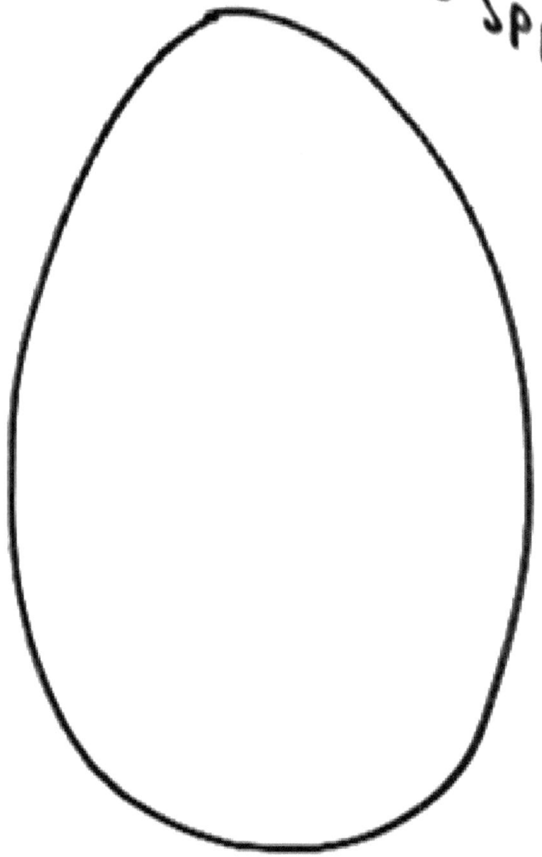

NIMM IRGENDEINE ZEITUNG UND SCHNEIDE WÖRTER
DIE DU AM LIEBSTEN MAGST HERAUS. KLEBE SIE AUF
DIESE SEITE UND WIEDERHOLE DIES SOLANGE BIS KEINE
FREIE STELLE MEHR ÜBRIG IST!

SCHREIBE DEINE
GEHEIMSTEN WÜNSCHE
AUF DIESE SEITE. ENTFERNE
DIE SEITE AUS DEM BUCH. KOCHE
SIE DANN KURZ IN HEIßEM WASSER.
WEBE DIE SEITE NACH DEM TROCKNEN
WIEDER IN DAS BUCH EIN!

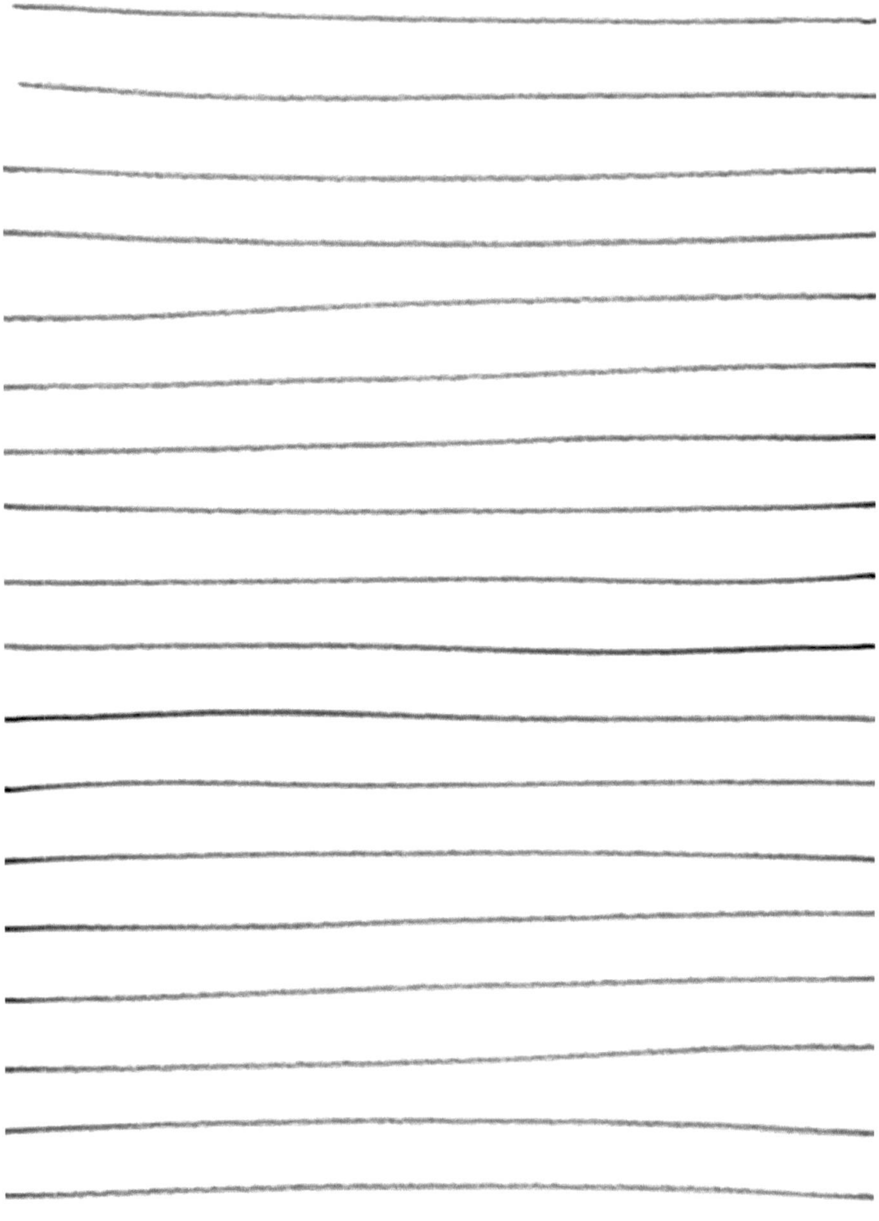

Zerschneide das Blatt entlang der gestrichelten ----Linien---- und mische die Schnipsel. Versuche dann das Viereck wieder original zusammen zu s-e-t-z-e-n!

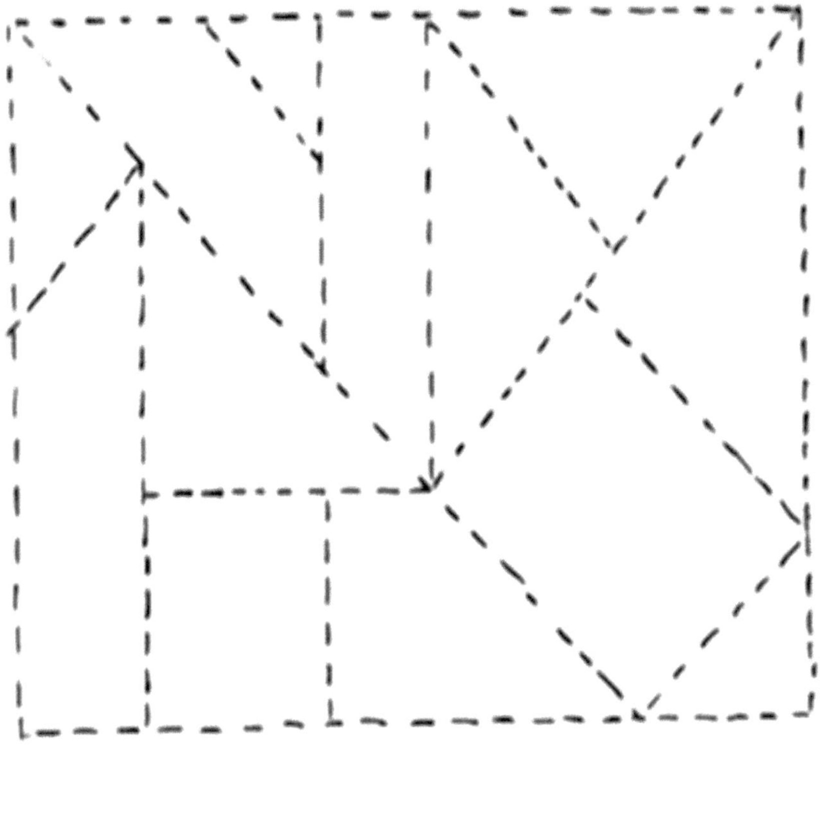

MALE
DIE
FINGERKUPPEN
DEINER
FINGER
MIT
FARBE
AN
UND
DRÜCKE
SIE
KREUZ
UND
QUER
AUF
DIESE
SEITE.
WECHSELE
DABEI
DIE
FARBEN.

SCHNEIDE DAS DREIECK EXAKT AN DER GESTRICHELTEN LINIE VON DER SEITE AB! ZÄHLE NUN, WIE OFT ES IN DIE FORMEN NEBENEINANDER GESETZT PASSEN WÜRDE OHNE SICH DABEI ZU ÜBERLAPPEN.

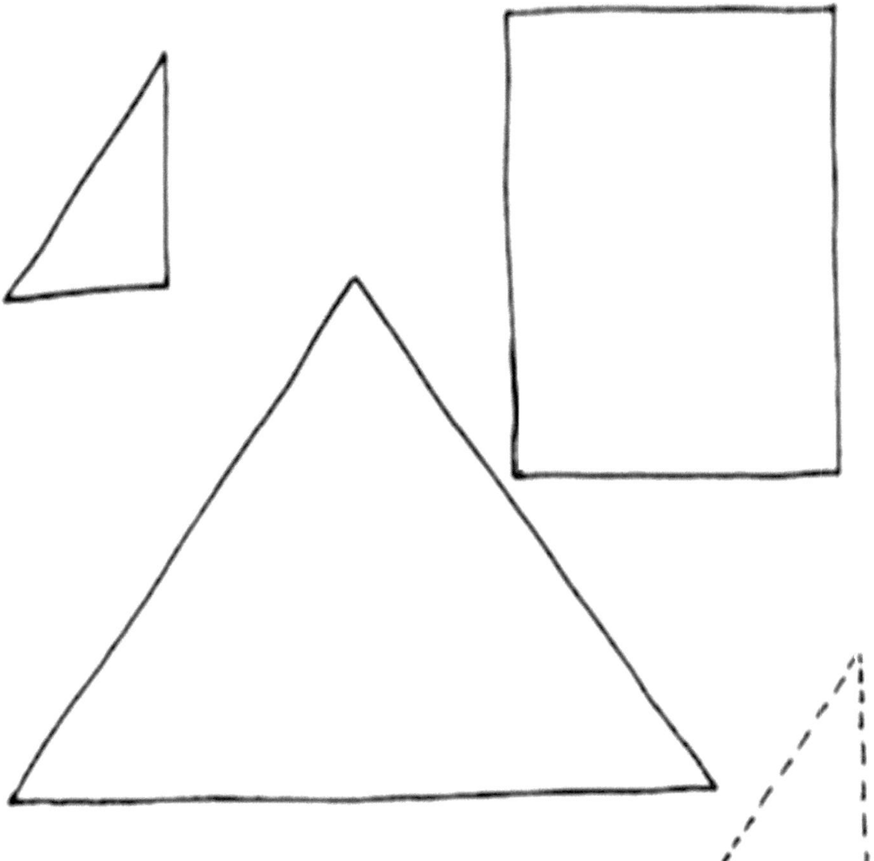

MACHE DEIN EIGENES WASSERZEICHEN! NIMM ETWAS MARGARINE ODER BUTTER UND ZERREIBE SIE ZWISCHEN DEINEN FINGERKUPPEN. MALE DANN DAMIT DEIN WASSERZEICHEN (Z.B. EIN SMILEY) IN DAS KÄSTCHEN!

WEICHE DIESE SEITE IN WASSER EIN!

LASSE SIE DANN WIEDER TROCKNEN.

BEMALE SIE NUN VOLLSTÄNDIG BUNT GEMISCHT MIT TUSCHFARBEN!

MALE DAS FOLGENDE BILD FARBIG AUS!

NUTZE HIERZU NUR ROTE FARBEN!

SCHREIBE NEI GEHEIMNIS FUA DIESE SEITE DNU TROPFE AUCH ETWAS EßOS VON MENIED LIEBLINGSESSEN AUF DIE NÄCHSTE ETIES.
TACKER EID BEIDEN SEITEN NNAD ZUSAMMEN UND LASS ENIED FREUNDE NETAR UND NEHCEIR WAS DU DORT NEBEIRHCSEG UND TREINOPED HAST.

GEHEIMNIS

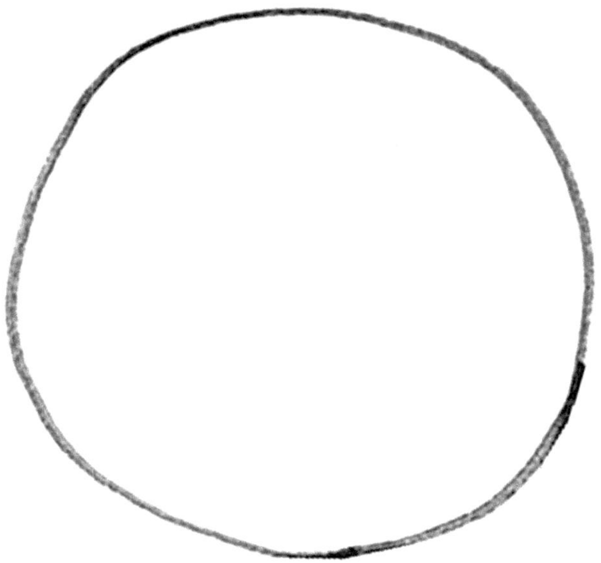

RETTE EIN LAUBBLATT ODER EINE KLEINE BLUME FÜR DIE NACHWELT UND LEGE ES IN DIESES BUCH ZUM TROCKNEN UND KONSERVIEREN!

ENTFERNE DIESE
SEITE AUS DEM
BUCH. WÄSSERE
SIE ORDENTLICH!
LEGE DIE SEITE
INS GEFRIERFACH!

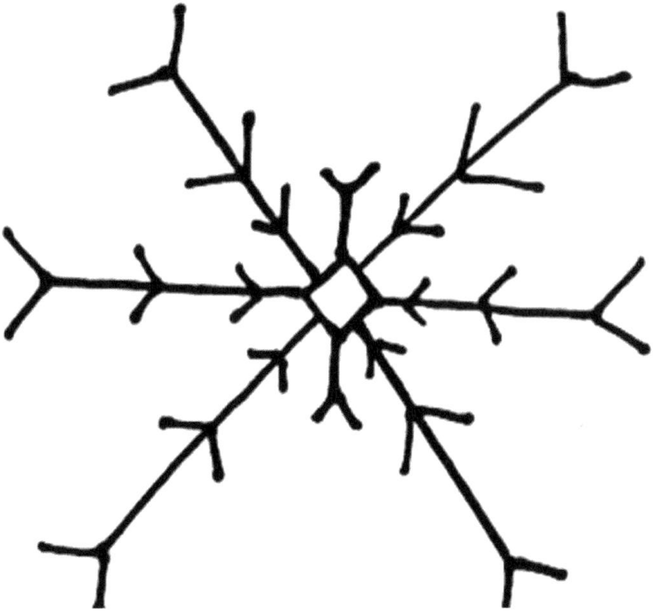

N_TZE DI_SE _EITE A_S

UN_ERLAGE _ÜR D_INE TR_NKGLÄSER!

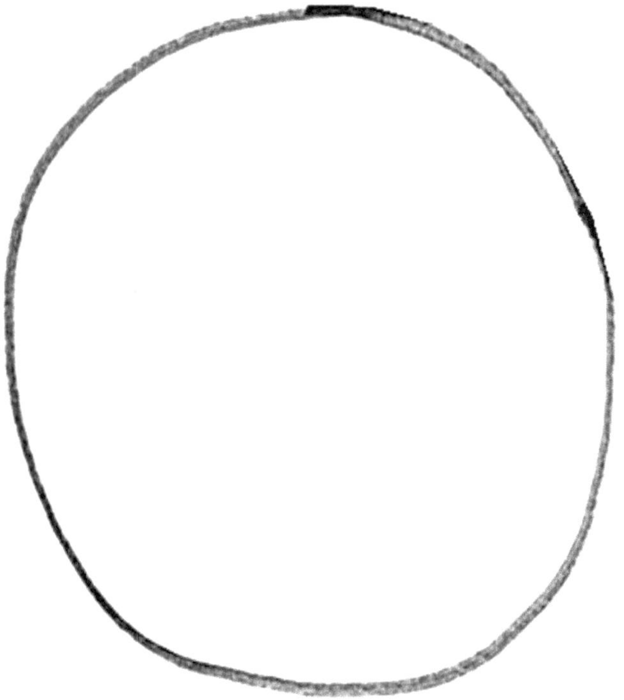

SCHREIBE auf DIESE Seite, WOVON du TRÄUMEN möchtest UND lege DAS Buch UNTER dein KOPFKISSEN!

SCHLAGE MIT DER
BUCHRÜCKENKANTE EIN
HARTGEKOCHTES EI AUF!

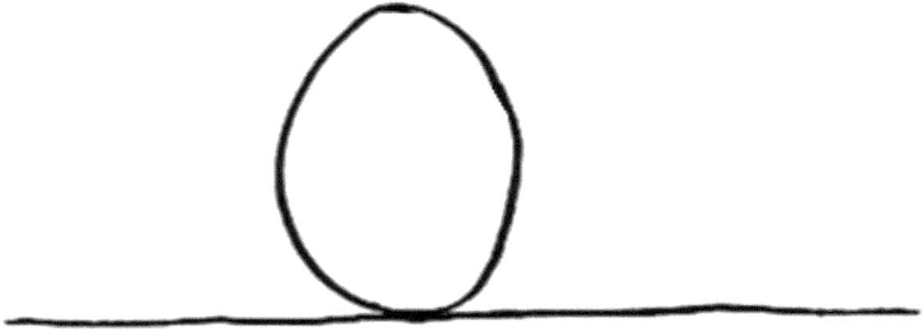

Loche das Buch an den markierten Löchern, binde eine Schnur hindurch und schlendere das Buch solange über deinen Kopf, bis ein surrendes Geräusch entsteht!

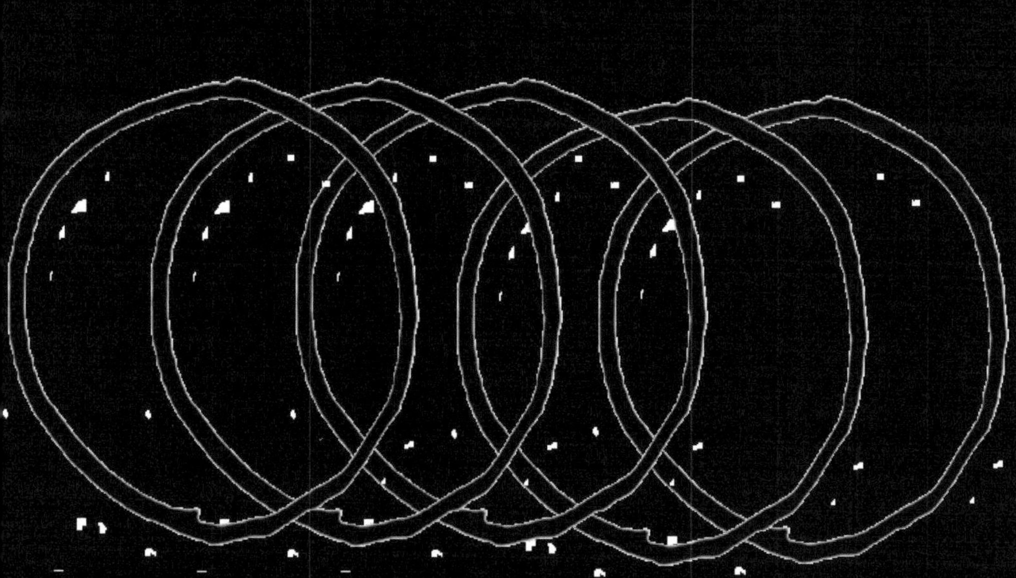

Schneide eine rohe Karotte auf und
schreibe mit dem austretenden Saft deinen Namen
auf diese Seite!

Liste weitere Ideen auf, dieses Buch zu verwenden!

1.
2.
3.
4.
5.
6.
7.
8.
9.
10.

Male pro Herzschlag

von dir einen Strich auf diese Seite.

Beende die Story, indem du die fehlenden Szenen malst!

Ahhh!?!
Ahhh!
?
Ahhh!
„Was ist denn los?"
Keuch!
!
„Rod Weiler ver-folgt mich!"

UMKRINGEL ALLE WORTE AUF DIESER SEITE DIE EIN ‚P' BEINHALTEN!

Warum also hatte ihn dieses Seidenäffchen so in Harnisch gebracht? Er sammelte seine Gedanken — nur alles der Reihe nach. Katrin Lustig war vor vier Tagen angekommen, tat gleich abends hinter der Ofenbank furchtbar geschwollen und spielte sich geradezu lächerlich auf. Es gab bald ein großes Rätselraten, um ihren Beruf nämlich. Als man wissen wollte, welcher Art ihr Beruf wäre, lächelte sie entzückend boshaft und behauptete, niemand am Tisch wäre imstande, ihren Beruf zu erraten. Als man ihn nach einer Viertelstunde wirklich noch nicht erraten hatte, umgab sie sich mit einem geradezu strahlenden Nimbus. Ja, sie setzte eine Wette an. Sie allein gegen den ganzen Ofentisch, an dem ausgekochte Betthupfer saßen. Unter ihnen Tim von der Mühlen und Peter Pinkenkötter; Doris Langenbach, die schöne Witwe mit ihrer siebzehnjährigen Tochter Angela; Kilian Stein, der bekannte Slalomläufer, der immer ein feuchtes Hemd hatte, weil ihm bei jeder Gelegenheit der Schweiß ausbrach, und der siebzigjährige ewige Skiläufer, den sie Fürst nannten. Gegen alle diese zünftigen Helden auf den langen Brettern also setzte sie eine Wette auf in Gestalt einer gewaltigen Seehundbowle.
Niemand erriet ihren Beruf, und Katrin Lustig gewann den Punsch. Sie freuten sich alle, nur Flori war wütend, weil das Schaukelpferd sich so aufspielte. Nun aber endlich heraus mit der Sprache! Welcher Beruf, beim Henker, war es? Katrin Lustig verriet ihn nicht. Die anderen sollten selbst draufkommen. Sie orakelten also drei Tage an einem armseligen Beruf herum und fanden ihn nicht.
War sie am Ende Astronom oder Walfischfänger?
Oder Kammerjäger?
Nein.
Züchtete sie Schleierschwanzfische?
Auch nicht.
Am vierten Tage kam es heraus.

NIMM EINEN LOCHER UND LOCHE
ALLE PUNKTE AUF DIESER SEITE WEG!

GIB DEM BUCH
EINEN GEWALTIGEN
TRITT!

Klebe diese und die nächste Seite mit einem zerkauten, klebrigen Kaugummi

zusammen!

Hier Kaugummi reindrücken!

AUF DIESER SEITE
BITTE MIT DEN

mittellaut trommeln

FINGERN
MELODISCH
RHYTHMISCH ODER
EINFACH CHAO

leise trommeln

TISHC
HERUMKLOPFEN!
VER SUCHE DABEI
DIE RICHTIGEN
F ELDER
ZU TREFFEN!

hier
LAUT
trommeln

SEITE RAUSREISSEN UND KRÄFTIG REINSCHNEUZEN!

SEIFE
DIESE
SEITE
ORDENTLICH
EIN!

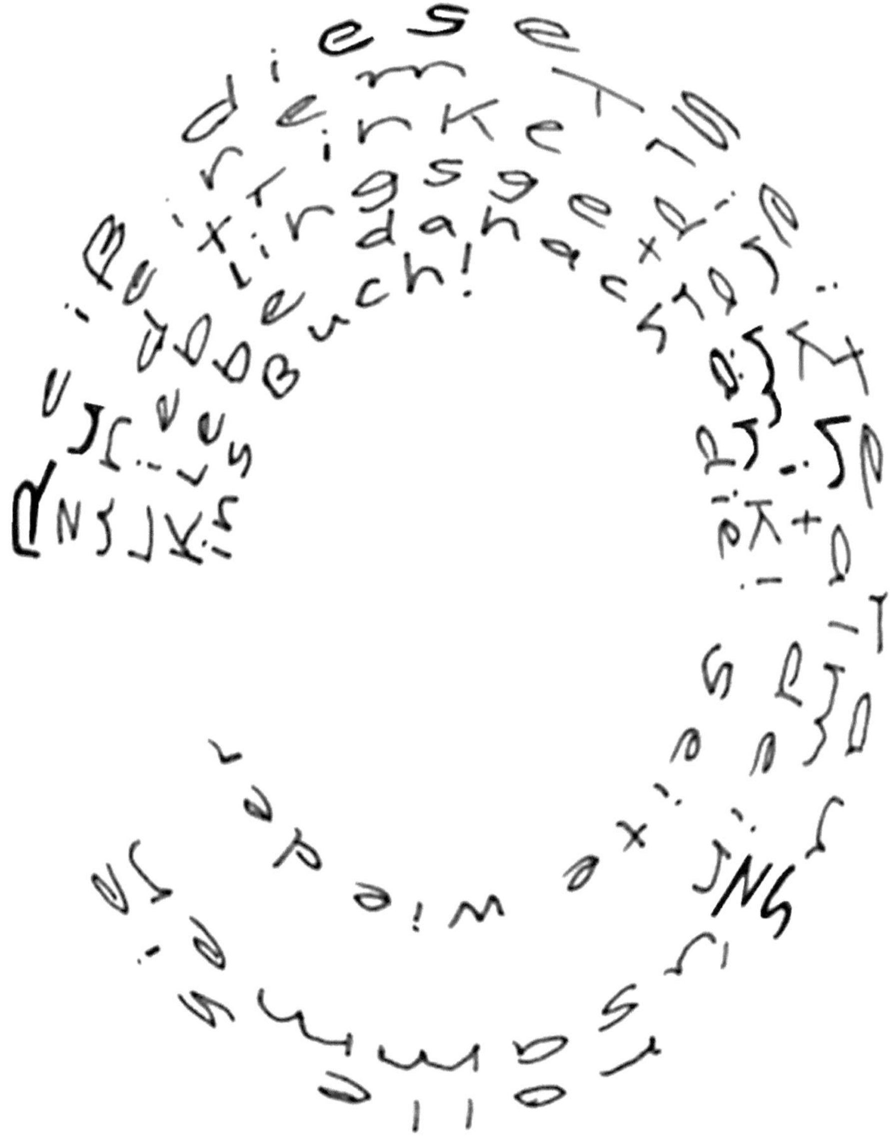
diese
Buch!

KAUFE DIR EINE MILLION
MAL DIESES BUCH UND
BAUE DAMIT DEN
EIFFELTURM IM MASSSTAB
1 ZU 10 NACH! ☺

– DIES IST DAS ENDE DES BUCHS –

ZUR FERTIGSTELLUNG BITTE NOCH DIE FOLGENDEN INFORMATIONEN IN DIE KÄSTCHEN EINTRAGEN:

AKTUELLES DATUM:

(AKTUELLES DATUM AUS EINER TAGESZEITUNG AUSSCHNEIDEN & EINKLEBEN)

AKTUELLES GEWICHT DES BUCHS:

(WIEGE DAS BUCH MIT EINER KÜCHENWAAGE. ANGABE IN GRAMM)

AKTUELLE DICKE DES BUCHS:

(MESSE DIE DICKE MIT EINEM LINEAL. ANGABE IN MILLIMETER)

VERGLEICHE NUN MIT DEN DATEN DER AKTIVIERUNG UND ERMITTLE DIE UNTERSCHIEDE!

Weitere Bücher von Theo von Taane:

Titel	ISBN
Minecraft Witzebuch	9783738612332
Minecraft Witzebuch 2	9783739211206
Minecraft Witzebuch 3	9783739211305
Minecraft Witzebuch 4	9783739222394
Minecraft Rätselbuch	9783739218267
Minecraft Mathe Ausmalbuch	9783739229744
Minecraft Notizbuch	9783738628852
Minecraft Offline Games	9783738647204
Minecraft Passwort Logbuch	9783739222240
Tennis - ewiger Kalender	9783734741289
Tennis Witze Knallbonbons	9783732296490
Witze rund um Tischtennis	9783734731648
Witze rund um Eishockey	9783734730716
Witze rund um Handball	9783734731690
Witze rund um Golf	9783734731704
Witze rund um Fußball	9783734731712
Witze rund um Judo	9783734731674
Witze rund um Karate	9783734731666
Witze rund um Volleyball	9783734731801

Titel	ISBN
Weltbeste Tennisspielerin	9783738610055
Weltbester Angler	9783738610062
Weltbester Bauarbeiter	9783738610079
Weltbester Eishockeyspieler	9783738610086
Weltbester Gärtner	9783738610093
Weltbester Golfer	9783738610109
Weltbester Jäger	9783738610116
Weltbester Judokämpfer	9783738610123
Weltbester Karatekämpfer	9783738610130
Weltbester Kraftsportler	9783738610147
Weltbester Läufer	9783738610154
Weltbester Radfahrer	9783738610161
Weltbester Inline Skater	9783738610178
Weltbester Skifahrer	9783738610185
Weltbester Snowboarder	9783738610192
Weltbester Sportler	9783738610208
Weltbester Surfer	9783738610215
Weltbester Taucher	9783738610222
Weltbester Tennisspieler	9783738610239

Von Theo von Taane gibt es mehr als 200 Witzebücher, Spiele, Kalender, Notizbücher, Tools etc. als hier aufgeführt sind. Einfach mal im Store nach ‚von Taane' suchen.

Viel Spaß!

Band II

Seite

1. Vierecke, Vielecke 100
   a. Vierecke, Winkelsumme 103
   b. Regelmäßige Vielecke 110

2. Proportional /umgekehrt proportional 123
   a. Proportional zugeordnet 129
   b. Dreisatz 137
   c. Dreisatz umgekehrt 143
   d. Antiproportional 149

3. Prozentrechnung 154
   a. Prozente 156
   b. Prozentsatz 165
   c. Prozentwert 171
   d. Grundwert

4. Daten 178
   a. Rangfolge 186
   b. Relative Häufigkeit 189
   c. Stichproben 193
   d. Zentralwert 197

Band I

Seite

1. Rationale zahlen 4
   - a. Ganze Zahlen 9
   - b. Rationale zahlen 12
   - c. Koordinatensystem 14

2. Rechnen mit rationalen Zahlen 15
   - a. Addition 17
   - b. Subtraktion 20
   - c. Multiplikation 28
   - d. Division 35

3. Dreiecke 45
   - a. Winkelsummen 48
   - b. Formen 56
   - c. Höhenschnittpunkt/Schwerpunkt 64

4. Rechnen mit Termen 70
   - a. Terme und Variablen 76
   - b. Terme mit Klammern 85

5. Gleichungen 89
   - a. Gleichungen 94
   - b. Gleichungen mit Klammern 97

Mathematik
Band I + II

Neue revolutionäre Lernstrategien des Instituts für Mathematik Waal

Theo von Taane